A LA GL∴ DU GR∴ ARCH∴ DE L'UNIV∴

TABLEAU

Des Membres composant la R∴ L∴

L'ÉTOILE DU PROGRÈS

A l'Or∴ de Bordeaux, pour l'an de la V∴ L∴ 5869

FONDÉE PAR LA FUSION DES LL∴

L'ESSENCE DE LA PAIX, LE TRIANGLE

ET L'ÉTOILE DE LA GIRONDE

Et régulièrement constituée par le Gr∴ Or∴ de France le 17ᵐᵉ J∴ du 10ᵐᵉ
M∴ de l'An de la V∴ L∴ 5855.

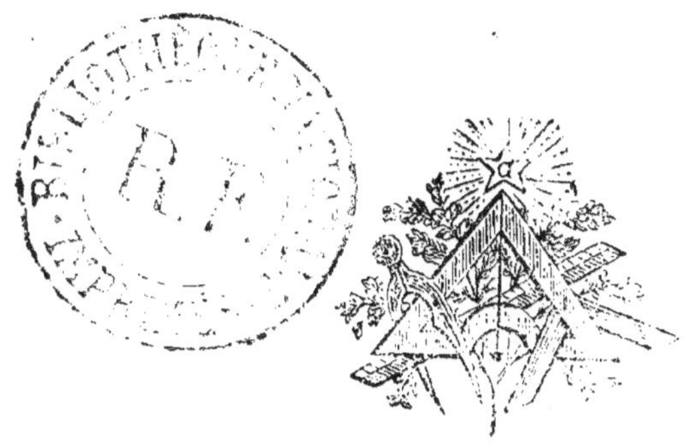

BORDEAUX

Typ. E. FORASTIÉ & FILS, rue Arnaud-Miqueu, 3,

1869.

OFFICIERS HONORAIRES ET DIGNITAIRES

NOMS ET PRÉNOMS.	PROFESSIONS.	DEMEURES.	DIGNITÉS.	GRADES.
DEBESSÉ aîné (Prᵉ.-Fréd.).	Négociant.	rue Planturable, 18.	Vén∴ d'Hon∴	30ᵉ.
HERMITTE (Antoine).	Avocat.	cours de Tourny, 66.	Vén∴ d'Hon∴, M∴ du Cons∴ de l'Ord∴	33ᵉ.
CHOUCHERIE (Jean).	Huissier.	r. Piliers de Tutelle, 23.	Vén∴ en titre.	30ᵉ.
DUBOSQ (Jean).	Avocat, agréé au Trib. de Com.	c. du Chap.-Rouge, 20.	1ᵉʳ Surv∴	id.
COSROUGE (Charles).	Maître menuisier.	r. de la Cr.-Blanche, 35.	2ᵉ Surv∴	18ᵉ.
LARGETEAU (Hector).	Avocat.	rue des Facultés, 33.	Orat∴	M∴
DELVAILLE (Georges).	Négociant.	rue Arnaud-Miqueu, 32.	Secrét∴	18ᵉ.
DIAS (Chéri-Jacob).	Caissier des Assureurs.	rue du Mirail, 60.	Gr∴ Exp∴	id.
RAMUS (Pierre-Alexandre).	Rentier.	rue Sullivan, 27.	Trésor∴	M∴
DASTÉ (Jean-Baptiste).	Ébéniste.	rue Constantin, 20.	Hospit∴	18ᵉ.
VERRET (Céleste).	Marchand tailleur.	rue Esprit des Lois, 35.	1ᵉʳ M∴ des C∴	M∴
DUBROCA (Pierre).	Idem.	rue Sainte-Catherine, 6.	2ᵉ M∴ des C∴	id.
PERRIN (Pierre-Maxime).	Propriétaire.	rue Saubat, 81.	Archiv∴	id.
DELOY (Jacques).	Fabricant de chaises.	rue du Loup, 44.	2ᵉ Exp∴	18ᵉ.
LABOURIE (Arm.-Henry).	Boulanger.	place Fondaugé, 16.	3ᵉ Exp∴	M∴
COUDOUY (Paul).	Négociant.	rue Notre-Dame, 159.	Econ∴	18ᵉ.
LACONCHE (Pierre-Gust.).	Entrepreneur.	rue Millière, 89.	Grand-Garde.	M∴

Adjoints aux Officiers dignitaires

GODIN (Charles).............	Inspect. des affaires commerciales au Chemin de fer d'Orléans....	r. du Jardin-Public, 20.	Adj.·. à l'Orat.·.	18e.
LABOUCHÈDE (Jean).......	Commis-négociant......	rue du Cancera, 22......	Adj.·. au Sec.·.	M.·.
FRANCONI (Alb.-Guill.)...	*Idem*..................	rue du Mulet, 1..........	*Idem.*	*id.*
FAURIE (Jean-Léopold)....	Négociant..............	rue de la Rousselle, 65.	Adj.·. à l'Arch.·.	*id.*
BURGUET (Antoine)........	Armurier..............	rue Jean Burguet, 5.....	Adj.·. à l'Hosp.·.	18e.

HERMITTE, *Grand Justicier.*

LARGETEAU, *Grand Justicier Adjoint.*

LE VÉNÉRABLE,

LE 1ᵉʳ SURVEILLANT,

LE 2ᵐᵉ SURVEILLANT,

L'ORATEUR,

Timbré et scellé par nous

GARDE DES SC.·. & TIMB.·.,

Par Mandement de la R.·. L.·. :

LE SECRÉTAIRE,

MEMBRES ORNANT LES COLONNES

NOMS ET PRÉNOMS.	PROFESSIONS.	DEMEURES.	GRADES.
ALIBERT (Albert)	Artiste musicien	rue Labirat, 3	App∴
ALVARÈS (Izaac-Eugène)	Négociant	rue Sainte-Catherine, 227	M∴
ARNAUD (Ernest)	Voyageur de commerce	rue du Palais-Gallien, 72	id.
ARPAGAUS (Jean-Grégoire)	Pâtissier	à Beauvais (Oise)	id.
BALDARRA (Maurice-Alph^sc)	Commis-négociant	rue Sainte-Catherine, 58	18e.
BARLET fils (Antoine-Henri)	Marchand tailleur	rue des Remparts, 18	M∴
BARREYRE (Léonce)	Voyageur de commerce	rue Maubourguet, 1	id.
BARGY (Barthélemy)	Docteur	Hôpital Militaire	App∴
BEAU (Jean)	Négociant	rue Jean Burguet, 10	M∴
BERTRAND (P.-H.-Polidor)	Commis-négociant	rue du Manége, 4	id.
BESSE (Baptiste)	Maitre d'hôtel	rue Pont de la Mousque	App∴
BLOY (Louis)	Chef d'institution	place Fondaudége, 23	18e.
BOPP (François)	Professeur de musique	place de l'Hôtel de Ville	M∴
BOUHEBEN (Jean-Baptiste)	Marchand tailleur	rue Esprit des Lois, 2	id.
BOYÉ (Pierre-Théodore)	Maitre bottier	rue de Cheverus, 17	id.

MEMBRES ORNANT LES COLONNES

NOMS ET PRÉNOMS.	PROFESSIONS.	DEMEURES.	GRADES.
CARTON (Adrien)	Banquier	cours d'Aquitaine, 24	Comp.˙.
CHAUSSAT (Jean)	Maître de chai	c. Balguerie-Stuttenb., 120.	M.˙.
CARVALLO (Abraham-H^{te})	Négoc., consul de Perse	rue Sainte-Catherine, 214	id.
CAVAILLÉ (Louis-Arthur)	Voyageur de commerce	rue Sainte-Colombe, 55	id.
CAZEAUX (Louis)	Coiffeur	rue Esprit des Lois, 25	id.
CHAMBOR (Augustin-Oscar)	Propriétaire	à Gauriac	18e.
CHAMBOR (Jean-Franç.-Ém.)	Capitaine au long-cours	rue de la Douane	M.˙.
CHAPATTE (Eugène)	Confiseur	rue Sainte-Catherine, 140	App.˙.
CHIMÈNES AÎNÉ (Léopold)	Négociant	rue Sainte-Catherine, 185	M.˙.
CHIMÈNES (Oscar)	Idem	cours Napoléon, 144	id.
CLÉMENT (Frédéric)	Idem	r. des Trois-Chandel., 2 à 10.	id.
CLÉMENT (Pierre-Alexandre)	Tailleur	route de Toulouse, 259	App.˙.
COSROUGE FILS (Charles)	Menuisier	rue de la Croix-Blanche, 35.	M.˙.
DANEY AÎNÉ (Pierre-Alphonse)	Maître plâtrier	rue d'Arès, 23	18˙.
DANEY JEUNE (Émile)	Entrepreneur de bâtisses	rue du Rocher, 34	M.˙.

MEMBRES ORNANT LES COLONNES

NOMS ET PRÉNOMS.	PROFESSIONS.	DEMEURES.	GRADES.
DEBESSÉ jeune (Gab.-Alb.)	Commis-négociant	rue Fondaudége. 15	M∴
DEBESSÉ fils (Frédéric)	*Idem*	rue Planturable, 18	Comp∴
DELAS (Dominique)	Sergent, garde-magasin	Caserne des Fossés	App∴
DEPAS (Eugène)	Agent d'émigration	quai Louis XVIII, 16	M∴
DORÉ (Édouard)	Négociant	allée des Noyers, 147	*id.*
DOUAT (Jean)	Fabricant de malles	c. du Chapeau-Rouge, 24	Comp∴
DUBREUILH (Michel)	Négociant	rue Borie, 16	App∴
DUCLOS (Michel)	*Idem*	rue Ausone, 10	M∴
DUZAC (Jean)	Charpentier	rue Lagrange, 150	App∴
ÉNAULT (Auguste)	Négociant	rue de la Course, 63	M∴
FAURIE (Antoine-Édouard)	Entrepreneur	rue d'Arès, 8	*id.*
FAURIE (Alfred)	Négociant	rue de la Rousselle, 65	*id.*
FAUX fils (Alfred)	*Idem*	cours Saint-Jean, 234	*id.*
FAY (Paul-Émile)	*Idem*	rue Sainte-Luce, 15	App∴
FOUQUEAU (Alexis)	Arrimeur	rue Bigot, 72	18ᵉ

MEMBRES ORNANT LES COLONNES

NOMS ET PRÉNOMS.	PROFESSIONS.	DEMEURES.	GRADES.
FOURNIER (Jean)	Ferblantier-zingueur	rue Sainte-Catherine, 278	M.·.
GAUSSENS (Jean)	Tailleur-détacheur	cours Napoléon, 147	18e.
GUEYRAUD (Pierre)	Pépiniériste	boulevard de Caudéran	M.·.
GUISERIX (Bertrand)	Maître d'hôtel	rue Martignac, 6	id
GUILLOT (Jean)	Menuisier	rue Sainte Colombe, 35	App.·.
HERREYRES (Marcelin)	Marchand papetier	cours Napoléon, 5	M.·.
JAMET (Pierre)	Entrepreneur (gaz)	rue Vital-Carles	id.
JONNEAU (Roger) ✳	Maître plâtrier	rue Notre-Dame, 27	App.·.
LABOUILLE	Capitaine de navires	rue Nauville, 49	M.·.
LACHANAUD (Jean)	Négociant	rue Sainte-Catherine, 201	id.
LACOMBE (Franklin)	Chef-armurier au 34e	Caserne des Fossés	App.·.
LAFARGUE (Édouard)	Fabricant de chapeaux	r. Lafaurie de Monbadon, 49.	id.
LAFOURCADE (Léon)	Négociant	rue du Palais-Gallien, 64	M.·.
LAMON (Théophile)	Commis-négociant	rue Sainte-Catherine, 208	id.
LANTHOIS (Armand)	Voyageur de commerce	rue Sainte-Colombe, 2	id.

MEMBRES ORNANT LES COLONNES

NOMS ET PRÉNOMS.	PROFESSIONS.	DEMEURES.	GRADES.
LESPINASSE FILS (Arnaud)....	Fondeur en métaux...........	rue des Augustins, 22.........	18e.
LESPINE (Stanislas)..............	Tailleur de pierres..............	rue des Gants, 1................	App.·.
LORHMANN (H.-F.-Auguste)...	Commis-négociant............	quai des Chartrons, 64.......	M.·.
MANAUD (Eugène)..............	Négociant.....................	quai des Chartrons, 4.........	id.
MARQUETTE (Michel)...........	Confiseur......................	rue Sainte-Catherine, 140...	id.
MARTIN (Zalma).................	Négociant.....................	rue du Couvent, 4.............	App.·.
MASSÉ (Henry)..................	Coiffeur.......................	rue Paulin, 3...................	M.·.
MASSONNIÈRE (Philippe)......	Maître menuisier..............	rue Arnaud-Miqueu, 45......	id.
MASSONNIÈRE (Léopold)......	Négociant.....................	rue Arnaud-Miqueu, 45......	App.·.
MAUREL (Jacques).............	Maître plâtrier.................	rue Durand, 20.................	18e.
MAUREL (Antoine).............	Négociant.....................	r. des Trois-Chandel., 2 à 10.	id.
MERLE (Étienne-Gustave)......	Marchand.....................	quai des Chartrons, 110......	M.·.
MEYER PÈRE (Freudenberg)....	Idem...........................	quai de Bacalan, 30...........	id.
MEYER FILS (Henri-Freudenb.).	Commis-négociant............	quai de Bacalan, 30...........	18e.
MIRAMBEAU (Michel)..........	Tonnelier......................	rue Sainte-Croix...............	M.·.

MEMBRES ORNANT LES COLONNES

NOMS ET PRÉNOMS.	PROFESSIONS.	DEMEURES.	GRADES.
NOÉ (Léonce)	Chemisier	cours de l'Intendance, 7	App∴
ORTET (Pierre-Bertrand)	Négociant	rue Marengo, 12	18e.
PAGE	Artiste chorégraphe	à Paris	M∴
PALLADRE (Louis)	Préposé en chef de l'octroi	à Libourne	id.
PÉRAIRE (Abraham-Hipp.)	Négociant	rue du Champ de Mars, 9	id.
PERROUD fils (Jean-Charles)	Idem	rue Borie, 16	id.
POISSONNIÉ (Amédée)	Idem	Impasse des Tanneries, 23	id.
PRIEUR (Gustave)	Maître tonnelier	rue du Colisée, 15	18e.
PUYTORAC (Adrien)	Huissier	rue Saige, 9	M∴
RÉGEAS (Martial)	Appareilleur	rue des Faures, 55	id.
RENARD (Jean)	Ingénieur civil	quai de Queyries, 12	id.
RENON (Joseph-Armand)	Comptable	rue Merry, 6	App∴
REY (Pierre-Auguste)	Commis-négociant	rue des Gants	18e.
RODRIGUES (Henri)	Marchand tailleur	place de la Comédie, 2	M∴
RODRIGUES (Gustave)	Négociant	rue Cornac, 31	id∴

MEMBRES ORNANT LES COLONNES

NOMS ET PRÉNOMS.	PROFESSIONS.	DEMEURES.	GRADES.
ROUGEY (Auguste)	Négociant	rue Nougey (Bastide)	App.˙.
ROUYÈS (Émile)	Tailleur de pierres	rue Paulin, 12	M.˙.
SABOURIN (Alphonse)	Arrimeur	quai de Bacalan, 71	id.
SALOMON (Georges)	Négociant	rue d'Aviau	id.
SCHMITZ (Albert)	Commis-négociant	rue du Champ de Mars, 9	id.
SÉCRESTAT jeune (Henri)	Propriétaire	rue Notre-Dame, 30	18ᵉ
SOULÉ (Edmond)	Maitre menuisier	rue Durand	M.˙.
SUDRE (Antoine)	Négociant	place intérieure d'Aquitaine	id.
TARLATINI (Martin)	Doreur	route de Bayonne, 17	id.
TÉCHENEY (Pierre)	Papetier	rue des Treilles, 7	id.
TERPEREAU (Alphonse)	Photographe	rue Judaïque, 6	App.˙.
VERNIS (Bernard)	Professeur de musique	rue du Palais-Gallien	M.˙.
VIDAL (Pierre)	Marchand de vins	rue des Bouviers, 34	App.˙.
VIGIER (Arthur)	Tonnelier	rue du Portail, 6	id.
WALL (Arthur-Izaï)	Négociant	c. du Chapeau-Rouge, 44	M.˙.
WALL (Albert-Daniel)	Idem	c. du Chapeau-Rouge, 44	id.

MEMBRES HONORAIRES

NOMS ET PRÉNOMS.	PROFESSIONS.	DEMEURES.	GRADES.
BARLET (Jacques)	Marchand tailleur	rue des Remparts, 18	18e.
BARREYRE (Guillaume)	Propriétaire	rue Maubourguet, 1	id.
BOURBON (Antoine)	Commis-négociant	route de Bayonne, 17	id.
CARCAUD (Jn.-Me.-Bernard)	Avocat	rue de Saint-Genès	id.
CHRISMAN (Nicolas)	Négociant	rue de la Course, 17	M.·.
DÉJEAN (Ernest)	Idem	rue de la Rousselle, 80	18e.
DUCLAUD (Guillaume)	Commis-négociant	rue Notre-Dame, 34	30e.
ÉMÉRIGON (Jean)	Pépiniériste	rue des Gants, 28	M.·.
FAUX aîné (Jean)	Négociant-entrepositaire	rue Traversière, 15	18e.
GOETHALS (Jean-Alexandre)	Professeur de musique	rue de Cursol, 10	id.
LACAZE (Jean)	Artificier	rue Nauville, 50	M.·.
MONS (Élie)	Propriétaire	à Caudéran	30e.
POTIÉ père	Maître couvreur	rue des Bouviers	M.·.
RAMEL (Joseph)	Maître menuisier	rue de la Concorde, 17	18e.
RAVER (Vital)	Peintre	rue du Palais-Gallien, 84	M.·.

MEMBRES HONORAIRES *(Suite)*.

NOMS ET PRÉNOMS.	PROFESSIONS.	DEMEURES.	GRADES.
ROCHEREAU (Jean)	Propriétaire	quai de la Grave, 4	30ᵉ.
ROUS (Pierre)	Négociant	rue Latour, 12	18ᵉ.
SARGEF (Henri)	Marchand tailleur	quai des Chartrons, 14	M.·.
SCHRADER (Ferdinand)	Nég., dir. des class. d'adultes.	rue Borie, 20	id.
VIGNEAU (Rameau)	Arrimeur	c. Le Rouzic (La Bastide)	18ᵉ.
THIERRY (Édouard)	Négociant	rue Ducau, 21	id.

MEMBRES EN RETRAITE.

NOMS ET PRÉNOMS.	PROFESSIONS.	DEMEURES.	GRADES.
BAUDIN (Jean)	Menuisier	rue Ducau	M.·.
BAYLE (Alexandre)	Ferblantier	rue Latour, 26	18ᵉ.
BODET (Jean-Baptiste)	Bottier	rue Naujac, 16	M.·.
BRIAN (Guillaume)	Entrepreneur de bâtisses	rue Donissan, 21	id.
BRIDE (Patrice)	Mécanicien	rue Sicard, 24	18ᵉ.
CERF (Edmond)	Négociant	cours de l'Intendance, 19	M.·.
DELAGE (Pierre)	Maître Plâtrier	cours Balguerie Stuttenberg	id.
DELATTRE (Charles)	Professeur de musique	rue des Trois-Conils, 44	id.
DUMAS (Jacques)	Rentier	rue Saint-Thibaud, 2	id.

Membres en retraite *(Suite)*.

NOMS ET PRÉNOMS.	PROFESSIONS.	DEMEURES.	GRADES.
HÉBRARD (Louis).	Marchand tailleur.	place de la Comédie.	18ᵉ.
JEMAIN (Jean-Jacques).	Négociant.	rue Fondaudége, 14.	M.·.
LAVIT.	Marchand de bois.	à Libourne.	id.
MICHEL (Charles-Jacob).	Marchand tailleur.	rue Sainte-Catherine, 164.	id.
MURAC (Pierre).	Boulanger.	rue Fondaudége, 201.	18ᵉ.
SARRADE (Jean).	Marchaud tailleur.	rue Esprit des Lois, 1.	M.·.

MEMBRES ABSENTS DE L'OR.·. DE BORDEAUX.

NOMS ET PRÉNOMS.	PROFESSIONS.	DEMEURES.	GRADES.
BELOUIN (Auguste).	Tanneur-corroyeur.	à Angers.	M.·.
BERSAT (Jean).	Constructeur.	à Sainte-Terre.	id.
BOUTINON (Eugène).	Candidat au long-cours.		id.
COBLENZ (Simon).	Négociant.	à Bingen (Prusse).	id.
CORNU (Samson).	Capitaine au long-cours.	à Blaye.	id.

MEMBRES ABSENTS DE L'OR∴ (Suite).

NOMS ET PRÉNOMS.	PROFESSIONS.	DEMEURES.	GRADES.
COUSTAUD (David)	Propriétaire	à Bègles	18e.
COUTREAU (Jean)	Mécanicien	à Vandays (Médoc)	App∴
DESCAMPS (Henri)	Candidat au long-cours	rue Saint-Rémi, 35	M∴
FAURIE fils aîné (Jean)	Négociant	à Saint-Loubès	id.
FOURNIER-JOUCLET (Achile)	Capitaine au long-cours	rue Ségalier, 17	App∴
GABEAU	Idem	à Angoulême	M∴
GILBERT (André-Pierre)	Banquier	à Blaye	id.
JEANDREAU (Eugène)	Maître boulanger	à Cachac	id.
LANDGREN (Émile)	Capitaine au long-cours		id.
LARGETEAU (Jean)	Idem	à Gauriac	id.
MASSÉ (Élie)	Entrepreneur de bâtisses	à Ambarès	App∴
MONDON (Jean-Auguste)	Négociant	à Vertheuil	id.
SAVARRY (Hyacinthe)	Négociant-libraire	à La Rochelle	M∴
SOULA (Joseph)	Restaurateur	au Tondu	id.
VIGNEAU (Pierre)	Capitaine de navires	à Portets	id.

AFFILIÉS LIBRES

La R∴ L∴ la PARFAITE UNION, à l'Or∴ de Rodez.

La R∴ L∴ l'ÉCOLE DE LA MORALE, à l'Or∴ de Libourne.

Le F∴ VINCENT (Pierre-Henri-Frédéric), notaire à Vars, près Angoulême, 30e.

Jours de Ten∴ : *TOUS LES MARDIS.*

Servant de la R∴ L∴, le F∴ LESPINASSE père, M∴
rue des Augustins, 22.

ADRESSE : **A la Loge l'Étoile du Progrès**
rue Judaïque, 97.